近視・遠視・白内障・色盲等が治る

心の目を開けば近視・遠視が治る

吾々《われわれ》は普通、この目で物を見ると考えていますが、実は目で見るのではない、この眼《がん》球《きゅう》の背後にあるところの心で見るのであります。ですから、この真理が――物を見るのは心が見るのであるという真理が心に素直に受取《うけと》れたら、本当にそうだと分ったら、どんなに悪い目でも治《なお》ってしまうのであります。

事実生長の家へ来られ真理を悟《さと》られますと、遠視《えんし》の方も、近視《きんし》の方も、乱視《らんし》の方も、眼鏡《めがね》をボコボコはずしてしまわれるのであります。というと、実に不思議なように思われますが、これは少しも不思議ではないのであります。吾々が物を見るのに、この眼球というレンズを通して、目という物質で物を見るのだ、と考えている間は、眼球の度《ど》に異常を起《おこ》したら、他《ほか》からガラスをもって来て補《おぎな》わなければ見ることが出来ないということにもなりますが、物を見るのは眼球で見るのではない、心で見るのだと判《わか》った時に、そんなガラス玉《だま》なんかを外部からもって来て補わなくたって、立派に見えるようになるはずであります。しかしこれは、物を見るのは、眼球で見るのではない、心で見るのだと解《わか》るだけではいけない。天地万物《てんちばんぶつ》の、その奥には、尊き神の愛、神の智慧《ちえ》、神の生命、神の光明《こうみょう》が宿っている。その尊ぶべき内在の光明を、愛を、神性《しんせい》を、素直に屈折せずに、曲ってとらずに受取《うけと》ることが出来るようになった時、近眼遠視が治ってしまって、眼鏡を外《はず》してしまうということになるのであります。いつぞや、本部に一人の学生が来られて、「先生、近眼はどういう心の現れですか」と訊《たず》ねた時に、私が「近眼はチカメだ」といったということは前にもお話したことがあると思います。私が「近眼はチカメだ」といった時にそこに来《き》合《あ》わしておられた誌友《しゆう》の方はドッと笑われた。それは何か私が言い間違って、近眼もチカメも音読《おんどく》と訓読《くんどく》とは同じだと思われたのでありましょう。ところが私のその一語を聞いて、ハッと悟って近眼の治ってしまわれた奥さんがあったのであります。要するに近眼はチカメであります。チカメというのは現象界の、この眼の前にぶら下《さが》っているものだけしか見ないことであります。それで現象世界の、も一つ奥にある実相《じっそう》を見る心を開かないで近眼であったと悟って、実相の世界を見る。心の目を開いた時、この目の近眼も治ってしまったというわけであります。

　生長の家では近視ばかりではない、乱視もたくさん治っておられます。三宅《みやけ》いくゑ《え》さんといわれる熱心な信徒が大阪におられました。この方の御主人は、生前《せいぜん》牛肉屋をしておられた。牛肉屋といっても、大阪有数の肉屋であって一ヵ月に数千円の収益があるという程《ほど》、繁昌《はんじょう》する大きな店を営《いとな》んでおられたのでありました。それに御主人の歿後《ぼつご》は、いくゑ《え》さんが店をきり廻《まわ》しておられたのですが、生長の家へ這入《はい》られて、熱心に本を読んでいられるうちに、自分の商売が段々いやになって来た。特に『久遠《くおん》の實在《じつざい》』に書いてある菜食論《さいしょくろん》のところを読んでからというものは、どうしても、牛肉屋という商売をしていることが堪《た》えられなくなって来て、思い切って店をやめてしまおうとせられたのでありました。ところが、それをいくゑさんのお父さんが聞きつけて、「これ程繁昌する店を閉《し》めるなんて飛んでもない、お前がやめるというのなら俺がやる」と言い出されたのでありまます。その時いくゑさんは考えられるのに、自分が今牛肉屋という商売をやめたら、親がするといっている。自分の代《かわ》りに親に殺生《せっしょう》させて自分はのうのうとしているのでは却《かえ》って親不孝ということになる。といってこのまま続けようとは夢さら思わない。一体どうしたものか分らなくなってしまわれて、それを一日も早く何とか解決をつけたいというので、航空便で私に手紙を寄越《よこ》されて、先生に是非《ぜひ》お目にかかりたいが、何卒御都合《なにとぞごつごう》のおよろしい日をお知らせ頂きたいと、私の返事も普通便では間《ま》に合わないと、御自身の手紙に切手を貼った電報用紙を封入《ふうにゅう》して、どうぞこれで御返事頂きたいといって来られたのでありました。それで私がすぐ「何日に来られよ」と返事して差上《さしあ》げますと、早速と上京して来られて、朝東京に着くとすぐ私の家へやって来て話されるのに「先生、私一体どうしたら好《よ》いのでございましょう」とこういうことだったのです。それで私は「あなたのどうしてもこの商売をやめたいというお心は分ります。やめたいという心は善《よ》い。善いけれどもあなたがやめたら父上が続いてやると言われるのでしょう。まあ父上はあなたが説法してやめさせることが出来るでしょう。が、しかし、そんな御繁昌《ごはんじょう》な店だったら、あなたが止《や》め父上がやめると言われれば又他の者がそこで開店するでしょう。で結局あなたは自分はやめても誰《たれ》かに自分の商売のあとつぎをさせることになる。それでは、あなたが牛肉屋を止《や》めても、一軒も牛肉屋を止《や》めさせたことにはならない」と申しました。「それでは一体私はどうしたら好いのですか」と訊《き》かれますから、「それではあなたは、牛肉屋を続けてしなさい、誰《たれ》にも店を譲《ゆず》っちゃいかん。あなたが牛肉屋をしてどんどん儲《もう》けなさい。そしてその儲けた資金で、世の中の人全体が肉食をしないような心になる運動に参加するのです。それはどうしたら好いかといえば、生長の家の光明思想《こうみょう》をどしどし世間に普及させるのです。世間の人がどしどし生長の家へ入って全人類が生長の家信徒となり、人間は牛肉なんぞ食べなくっても健康を保つことが出来、又肉食をよしたがために却って健康になることが判《わか》れば全人類の肉食量が減って来る。又無理に肉食を止《や》めさせなくとも、生長の家の光明思想に触れると、食欲《しょくよく》が自然に正しくなって、野菜の方が好きになったという人が、実際にこれ迄《まで》でもたくさんいるのですから、そうすると、世の中の牛肉屋は自然に消滅して来るのです。今あなたの牛肉屋を一軒だけやめたとて何《なん》にもなりはしません。それよりもっと根本的に全世界の牛肉屋をやめさす工夫《くふう》、肉食をやめさす工夫をしなければ本当ではないでしょう？」といって差上《さしあ》げたのでありました。私が話し終った時、三宅《みやけ》いくゑ《え》さんは顔を上げて庭の方を見ておられましたが、突然「私不思議なことがございます」とこう言われるのです。どうしたのかと思いますと、「私、これ迄乱視で片眼がぼんやりとしか見えなかったのですのに、今先生のお話を伺《うかが》って眼を上げましたら、今迄見えなかった方の眼がハッキリしてお庭の景色が木《こ》の葉一枚一枚見えます。まア美しい樹《き》の葉が一枚一枚、はっきりと見えるのでございます」といわれるのです。私はこの方が乱視であられたのを、その瞬間迄少しも知らなかった。もとより三宅さんも自分の乱視を治《なお》そうと思って上京して来られたのではありませんでした。ところが私がその方の人生上の煩悶《はんもん》を訊《き》いていろいろと話して差上《さしあ》げている中《うち》に、三宅さんの心の中《なか》から迷いがとれて、心の目が開けて、はじめて実相《じっそう》が見えるようになられた。その時今迄乱視ではっきりしなかった肉眼の目も開けて、庭の木々の一つ一つの葉迄がはっきりと眺《なが》められるようになったのであります。

この目が悪い、この耳が悪い、身体《からだ》のこの部分が悪いと、局所局所に病《やまい》があると思って、目を治そう、耳を治そうとかかったら、却《かえ》って治るものではないのであります。生長の家へ来られる方にもこれはよくあることですが、この病気を治そうと思って来られると、却って、その病気が治らないことがある。一人で三つも四つも病気を持っている方などは、皆治してほしいなどというとあんまり慾張《よくば》りみたいだから、まあ一番治して欲しいのを一つだけ言おうというので、私に一つだけ病名を言われる。すると肝腎《かんじん》の、その病気が治らない先に、他の、私にだまっていた病気が治ってしまったなどということが間々《まま》あるのです。例えば、「治したいと思っていた胃病が治らない中《うち》に先生には申し上げずにいた痔疾《じしつ》が治ってしまいました」などと、あとから白状される方がたくさんある。この理由は、病気は、心で摑《つか》んでいる限り治らないので、心が病気のことを忘れていたら治ってしまうのです。病気というものに実体はないのでありますから、心で離してしまえば消えてしまうのであります。ここが大切なのです。ともかく乱視でもこうして治って行く実際の例がある。乱視に限らず目の病の治る実例がこの頃また実にたくさんあるのです。

近眼の治《なお》った、実に素晴《すば》らしい体験をもっていられる方があります。それは川村よし子さんという双葉《ふたば》女学校の二年生の方なのですが、数日前道場へ来られて、御自分の目の治った面白い体験談をなされたのでありました。川村よし子さんのおばさんというのが、生長の家の熱心な信徒でしたが、よし子さんが某日《あるひ》、そのおばさんの家に遊びに行かれた。その時におばさんが、生長の家の話を、いろいろとよし子さんに話されたそうであります。

よし子さんは、五度(編註・当時、近眼度を表す数字)というひどい近眼だった。それで、目などは心に従ってどうにでも変《かわ》るものだという話を、おばさんが諄々《じゅんじゅん》と説かれて、それから「よし子さん、この『甘露《かんろ》の法雨《ほうう》」を読んでごらん」といってよし子さんに『甘露の法雨』を読ませられたのでありました。ところが、その時夜は大分更《だいぶふ》けているので、『甘露の法雨』を半分程《ほど》読んで行く中《うち》に、よし子さんはとてもねむたくなって来た。一緒に読んでいられたおばさんが、よし子さんがあまり眠そうにするので可哀相《かわいそう》になって来て、「あなたはもうお休みなさい。私が代《かわ》って続きを読んであげますから」といってよし子さんを臥《ふ》させ、その枕元《まくらもと》で『甘露の法雨』の後半を声高《こわだか》によまれたのでありました。しかしよし子さんは眠ってしまわず、まだ、「伯母《おば》さん、実相《じっそう》って何に?」などと言ってわからぬところを聞いていられたそうです。そして翌朝《よくちょう》目をさまして、眼鏡《めがね》をかけない眼で、ふとあたりを見廻《みまわ》すと不思議なことにいろんなものがはっきりと見える。川村よし子さんの近眼は五度ですから、とても部の厚い眼鏡をかけておられたのです。何でも川村さんはお母さんが近眼三度、お父さんが近眼二十度というので、その遺伝《いでん》というわけか幼い時から近眼で眼鏡をかけて八年間段々度が進んで五度になったのです。ところが、その朝目をさまして見ると、昨日迄《きのうまで》眼鏡なしでは全然見えなかったものが、一夜の中《うち》に、はっきりと見えるようになっているんですね。額の絵の菊の花やら、障子《しょうじ》の桟《さん》から、柱にかかっている時計の針迄はっきり見える、世界中が急に明るくなって来た。よし子さんは嬉《うれ》しくて嬉しくて耐《たま》らない。早速と眼鏡を捨《す》ててしまわれたのでありました。それでその日、七月二十九日の晩、初めて本部に来られて喜んでその話を皆の前でされたのでした。その日はちょうど、明治大帝の御崩御《ごほうぎょ》の日に当《あた》るので、代々木練兵場《よよぎれんぺいじょう》でたくさんの花火が打ち上げられた。ぱーッと空に上る花火が眼鏡を外《はず》しても、見えるようになっているのです。ところがこれ迄眼鏡をかけて花火を見ている頃には、花火は直径一尺位に小さくしか見えなかった。それで花火なんて小《ち》っぽけなもんだと思っていられたそうですが、肉眼で見ると、どうしてどうして、とても大きくて立派な花火なのです。で、「伯母さん、花火は何て大きくて美しいものでしょう」とよし子さんは感歎《かんたん》されたと言います。その翌日のこと、その日はからッと晴れた実に気持のよい日でありました。空は紺碧《こんぺき》に澄《す》み渡って一点の雲も漂《ただよ》っていないというような日だった。川村さんはこれ迄《まで》厚い眼鏡《めがね》をかけて、そのレンズでものを凝縮《ぎょうしゅく》して見ていられたのでしたから、空の碧色《みどりいろ》も何だかはっきり分らない白っぽい色ばかり見えていた。ところがその朝、肉眼で紺碧《こんぺき》の美しく晴れ渡った空を見て、はじめて「空はなんて美しい碧色《みどりいろ》だろう」と思われたと言います。「碧色《みどりいろ》の美しい空を、私は今迄知らなかった。空はこんなに美しいものだったのか」と思われたということです。

　そういう塩梅《あんばい》にして、川村さんの見る限り世界中の姿がすっかり変《かわ》ってしまったのでありました。川村さんは、素直な幼児《おさなご》の心で真理を受入《うけい》れられたから、たった一度『甘露《かんろ》の法雨《ほうう》』を読んだというだけで、かくも偉大な功徳《くどく》を得られたのであります。『甘露の法雨』の功徳というのは、要するに『甘露の法雨』に書いてある真理の功徳に他《ほか》ならないのであります。そこで、この真理を読んで実相《じっそう》を見る目が開けた時に世界中の姿が変《かわ》って来るということにもなるのであります。『維摩経《ゆいまきょう》』の中に、天人《てんにん》の世界へ行って御飯《ごはん》を出されると、同じ真白《まっしろ》な御飯を出されても食べる者の心に従ってその色が変《かわ》る、ということが書いてありますが、これと同じことで、吾々《われわれ》も心が変《かわ》れば、その心に従って世界が姿を変えて来るのであります。今迄花火は小さいものと思っていたのが実は花火は大きいものだと分る。空の色も心の目が開けた時に、ああこんなにも美しい碧色《みどりいろ》だったのかと判《わか》って来るのです。この世は苦しい世だ、憎しみに充ちた醜《みにく》い世だと、厭世《えんせい》的に世界を眺《なが》めている人もある。しかし、苦しみの世界は、あるのではない。そういう人は心の目を開かない人なのです。心のチカメなのです。心がチカメであるから、楽しい、よきことのみに充《み》ち満《み》ちた実相の世界を見ることが出来ないで、この世は憂《うれ》いの充ちた世界と見ているのです。それが一度真理に触れて、心の目がぱっと開いた時に、この世はこのままで極楽浄土《ごくらくじょうど》となるのであります。

（新編『生命の實相』第36巻128～141頁）

眼鏡を外すと近視・乱視が治る

生長の家によって視力の悩みを解決した体験者、並《ならび》にそうした悩みを解決してあげられた指導者の方々に特にお集りを願って、英気溌剌《えいきはつらつ》たる御体験談や、御意見等を承《うけたま》わりたいと存じまして、この座談会を開いたようなわけでございます。尤《もっと》も一《ひ》と口に「近眼は治る」と称してはいますが、実は近視《きんし》、遠視《えんし》、乱視《らんし》、色盲《しきもう》等いやしくも視力の問題に関する

ものの一切《いっさい》を含めて取扱《とりあつか》いたいと存じております。何卒よろしくお願い申上げます。

先ず谷口先生から、この問題の全般に渉《わた》って何かお話をお伺《うかが》いさせていただかれましたらと存じますが。

谷口――私は眼の治《なお》った人であり、また治した人であるわけであります。この、五官に於《お》ける障害――目が見えないとか、耳が聞えないとか、臭《におい》が嗅《か》げないとか、或《ある》いは皮膚の感覚の麻痺《まひ》、食物《しょくもつ》の味覚の麻痺とかいう、すべての感覚器官の障害は、要するに自分に与えられたる恵みを有難く受取《うけと》らない人が、肉体に投じ出した姿であるのでありますから、先《ま》ず有難く受取《うけと》る気持が起《おこ》りさえすれば、そうした障害は自然と消え去ってしまうのであります。この目というものは、すべての美しいものを見る器官であります。美しいというのは何か、といいますと、そこに生命が顕《あら》われている事であります。生命が顕われているというのは神の光、神の恵み、神の愛が顕われているということであります。その神の光、神の恵み、神の愛を有難く受取《うけと》らないで、半分位受取《うけと》って、不平ばかりいっているような心を持っていると、それが目に現われれば目が見えなくなったり、色盲《しきもう》になったりするのであります。また目の先の現象だけを見て、現象の奥底を流れる神の愛、神の恵みが分らないと、その人は近視眼《きんしがん》になるという具合になるわけなので、こういう私も以前には近眼であったのでありました。近視性乱視だと眼医者にいわれました。これは私が「生長の家」を創《はじ》める前のことで、私自身ははじめ別に目が悪いとは思わなかったのですが、雑誌の宣伝にのって、いつの間にか目が悪いということになってしまったのです。というのは私は元来非常に胃腸が弱かった、それで「目から来る胃腸病」とかいう雑誌の宣伝広告を読んで、成程《なるほど》、目が原因で胃腸がいたむこともあるのだナということを知りまして、神戸の西村博士に診察を受けに行ったのでありました。この西村博士は「万病は眼病より来る」ということをいっている人でありまして、そこで私は近視性乱視という診断を受け、斜《ななめ》に書いた字や、蜘蛛《くも》の巣みたいなくしゃくしゃな図を覗《のぞ》かせられて眼の検査をして、それで眼鏡《めがね》をかけることになったのでしたが、眼鏡をかけても私の胃腸は別によくも、悪くも、どうにもならなかったのでありました。けれどもかけつけてみると、かけないと変な具合になりまして、見るものがちらちらしたりなどするものですから、やはり眼鏡をかけてよかったのだナという気もしていました。それで大分《だいぶ》長らくかけていました。「生長の家」を創《はじ》めてからも二年間ばかりはかけていましたろうか。或日《あるひ》のこと、その頃私は阪神住吉《すみよし》に住んでおりました、家の近所を歩いていたのです。家のすぐ近くに眼鏡屋があった。そして往来を通りますと、往来からよく見えるところに視力測定図がかけてあるので、私は通る度《たび》にそれを見て歩いていました。それでその日も覗いてみると、いつもより何だかはっきり見えるんですね。「おや」と思って眼鏡《めがね》をかけたりはずしたりして見ると、はずした方《ほう》がはっきり見える、「自分の目はもう治《なお》ったのだな」と、その時解《わか》ったのでありました。けれども永いこと眼鏡をかけつけていた故《せい》か、はずすと顔の目付《めつき》がこう少し変になるものですから、子供も「お父さん眼鏡かけた方がよく似合《にあ》う」などという。「よく似合うならかけとけばいい」と思って、それから後《のち》もしばらくかけていたのでありました。その頃希望社の神戸の幹事をしておられた宇田川育子《うだがわいくこ》さんという方が或日《あるひ》私の宅《たく》へやって来られて、いろいろとお話ししておりましたら、この方は私の眼鏡をかけていることが余程《よほど》病気らしく見えたのでしょう、「先生、近眼は治らないのでしょうか」といわれたのです。宇田川さんにそういわれる迄《まで》私は自分の眼鏡をかけていることを何とも思っていなかった――普通誰《たれ》でもそうなんですよ、眼鏡をかけていることを病気だとも思わないし、又眼鏡をかけている人を見てもどうとも思わないのが普通です。それで私は宇田川さんに、「先生近眼は治らないのですか」といいかけられた時に、ああこの人は眼鏡をかけていることが病気に見えるんだなと思って、「成程《なるほど》」と自分でも思い、それなり眼鏡をとってしまったのです。で、今日に至る迄ずっととっているわけですが、勿論《もちろん》完全に見えています。

◇

立仙《りっせん》――只今先生のお話の中に、「似合うから眼鏡をかけた」ということがございましたが、皆さんの中にも眼鏡の魅惑《みわく》というようなことからじりじりと近眼になったと、そんな体験をお持ちになっていられる方がありましたら、一つどうぞ。

高松――私は近視になりまして四年程経《ほどた》ってから乱視になり、その乱視が大変ひどいといわれておりました。近視は十八度と二十度ですから大したことはございませんけれど、乱視には随分《ずいぶん》困りまして、ついこの間まで眼鏡をかけて、それでも不自由を感じておりましたのです。先達《せんだっ》てから「生長の家」へいれて頂きまして、『生命《せいめい》の實相《じっそう》』を拝見致しましたけれども、直《す》ぐ治りませんでした。ところがこの間《あいだ》お山に寄せて頂いた時、川村芳子《よしこ》さんとおっしゃいますお嬢さんが、強度の近眼を「生長の家」の聖経《せいきょう》『甘露《かんろ》の法雨《ほうう》』を読んだだけで、一夜にして治されたという驚くべきお話を伺《うかが》いまして、とても感心いたしまして、ほんとに羨《うらや》ましく思いましたけれど、いくら先生のお話を伺いましても私は少しもよくなりませんでした。家へ帰っていろいろと考えました。その時川村さんは『甘露の法雨』を読んで治ったといわれたことを思い出しまして、早速その夜、就寝前《しゅうしんぜん》一所懸命《いっしょけんめい》に読んで寝ました。けれど治《なお》りません。翌日も読みましたがやはり治りません。これはきっと私の心に悪いことがあるのだと思って、いろいろ反省いたしてみましたが、何も悪いことなんかないように思われるのでございます。

その翌日はちょっと用事がありましてお山に伺《うかが》えなかったものですから、家《うち》で一人で神《しん》想観《そうかん》をいたしておりました。その時ふと心に浮《うか》ぶ言葉がございましたのです。それは「潜在意識」ということでした。何故《なぜ》そんなことを思いましたかと申しますと、私御覧の通り顔が大きいもんでございますから、眼鏡《めがね》をかけた方《ほう》が顔がしまって、小さく見えていいというようなことを考えたことがありました。それで「生長の家」へいれて頂きまして、眼が治りたい気持は確にあったのですけれど、やっぱり「自分にはかけていた方がいい」という気持が潜在意識となって、心の底に残っていたということを神想観中に気付いたのでございます。「ああやっぱり自分が悪かった。眼鏡をかけなければ形が悪いというのは現象世界のことで、実相《じっそう》の世界では、私のこの顔は福の多い大変好《よ》い顔なのだ。それを眼鏡をかけた方が形がよくなる、なんて思ったのは間違いだった」と深く感じました。そして翌朝目を醒《さま》しますと、眼鏡をかけておりませんのに、驚くほどいろんなものがよく見えるようになっておりました。新聞も眼鏡なしでよく読めます。それっきり眼鏡をとってしまいました。
これ迄《まで》一等いけなかったことは、デパートなんかに参りますと、いろんな色彩がちらちらして頭痛がして参りますので、買物することもほとんど出来ませんでしたが、目がよくなって二日目に上野の松坂屋に半日行ってあちこち歩き廻《まわ》って買物いたしましたけれど何ともございません。嬉《うれ》しくてその夜はまた銀座へ出て赤や青のネオンサインを見て参りましたが、とても美しく、ちっとも疲れもいたしませんでした。それからも一つ、私は乱視になりましてから、活動写真なんて全然見られませんでした。家族が皆行っても、私ばかりは瞼《まぶた》がいたみますから一人残っておりました。それが先日義兄《あに》が上京しました時にもう目は治ってるから大丈夫《だいじょうぶ》と思いまして、お伴《とも》して映画に参りまして、二時間半も真暗《まっくら》な中で写真を見て出て来ましたのに頭痛などちっとも致しませんし、写真ははっきり見えますし、却《かえ》ってさっぱりとした愉快《ゆかい》な気持で帰って参りました。一番難物《なんぶつ》だった活動写真にもパスいたしまして、もう完全に乱視は治りました。大変嬉しゅうございます。ほんとに眼鏡をかけていた方が顔がしまって好《い》いなどという潜在意識が私を乱視にしていたのでございました。

栗原――私の考察いたしました範囲で、眼鏡をかけたいという心理をちょっと申し上げてみます。大分前のことですが当時はまだ府下《ふか》でありました今の中野の辺《へん》の小学校に勤めていた事がありました。それで折々《おりおり》田舎の青年と顔を合せておりましたが、これは私の仲間だけのことかも知れませんが、私の知る範囲の青年は眼鏡《めがね》に対して確かに一種の魅惑《みわく》を持っておるようでありました。私の考察するところによりますと「眼鏡は学問した人のかけるもの」と田舎《いなか》の人は思っているようで、「眼鏡をかけていることが、インテリの仲間に入ることだ」というような気持を持っているらしく受取《うけと》れたのでありました。それで青年達は度のある眼鏡はかけられませんから、素通しの眼鏡をかけて、当時百姓は車を牛にひかせることがまだ流行していましたから、車に汚穢物《おあいぶつ》などを積んで、牛の手綱《たづな》をとって得意になって歩いたものでありました。そういう青年に限って、思わしくない遊び場に出入するのでありました。

要するに好んで「眼鏡をかける」ということは、一つには顔がしまり、きちっとすることと、もう一つには、インテリ層への憧《あこが》れ、というような見方もあると思います。特に田舎の人達は、学問に対して一つの間違った見方をしている、――つまり学問した人は楽をして生活出来るという、自分達の勤労を厭《いと》う心の現れが、若い人達が素通しの眼鏡をかけるという、誠《まこと》におかしなことになってしまったとも考えられるのでありまして、その結果はどうなりましたか、それが因《もと》となって近視、乱視が殖《ふ》えたか、或《ある》いは何ともなかったか、何分《なにぶん》もう大分前の話でありますから、はっきりとは申しあげることが出来ませんが、ただこんな傾向があったということだけはいわせて頂きました。

西村――栗原さんのおっしゃいましたような眼鏡の魅惑と申しますのが、本当にあるものでございますね。私の女学校の時代――明治十七、八年の頃でございましたが――当時私は神田におりましたが――人様の眼鏡をかけていらっしゃいますのを見て、自分もかけたくてかけたくて仕方ございませんでした。けれど別に目が悪くもございませんのにかけたりしたら家で叱《しか》られますから、眼鏡を袂《たもと》に入れておいて、外へ出るとかけ、家《うち》へ帰るとしまい、しておりました。それが因《もと》でございますか、段々と目が悪くなって来まして、しまいには、乱視二度という有様になってしまったのでございます。物を見るのに眼鏡の上から虫眼鏡をあてなければ本など読めませんでございました。それが今年の四月に「生長の家」に入れて頂きまして、五月末《まつ》にはもう虫眼鏡がとれました。それで段々とはっきり見えて来るものでございますから、この分なら眼鏡はもういらないと思いまして、それからは思いきって眼鏡を外《はず》して『甘露《かんろ》の法雨《ほうう》』の字のあらい折本を読んでみたり致しました。それで近頃ではわざと『生命《せいめい》の實相《じっそう》』に収録されている細《こま》かい活字の『甘露の法雨』を読むようにいたしておりますが、ちっとも、目の痛みも感ぜずに終り迄《まで》読めるようになりました。勿論眼鏡《もちろんめがね》を外して読んでいるのでございます。はじめ好んで眼鏡をかけたのが私の乱視の因《もと》なのでございましょうね。

◇

古川——私も眼鏡に魅力を感じましてね、それで近視になったんでございます。私は小さい時から自分の顔程《ほど》美しくない顔はないと思っておりました。それで他《た》のすべての人の顔は美しく思えるんですね。「あの人綺麗《きれい》ね」って友達に話しますと、友達は「あんな人ちっともシャンではないわ」っていう。けれど私にはシャンに思えるのです。私の女学生の時、大好きな先生がありました。大変器量の好《よ》い方で眼鏡をかけておられたのです。それで私、その先生の眼鏡に憧《あこが》れましてね、「眼鏡をかければあんなに綺麗に見える、かけたい」と思っておりました。

その中《うち》に結婚いたしまして家庭に入りましてから、本が好きなものですから、本ばかり読んでおりました。その中《うち》にいつとはなしに目が重くなって来て——近眼になったんですね——まあやっと眼鏡をかけられるようになったわけです。けれどいざかけるとなると鬱《うっ》陶《とう》しゅうございましてね。またかけてみますと、どうも顔に合いません。余計おかしな顔になるものですから、不自由でもかけずにおりました。それで活動だの芝居だのに行く時だけもって行くということにしていたのでございます。けれど事実二間位先《けんくらい》のところが見えないのですから、それを無理に見ようとして、眉根《まゆね》に皺《しわ》をよせる、それがいつの間にか癖になってしまいましてね。人には不愉快《ふゆかい》な感じを与えるし、どうにかしてこの癖《くせ》を直したいと思いましたが、それでも眼鏡をかけるのが億劫《おっくう》でかけずにおりました。

するとと昨年辺《あた》りから度が進んで来ました。こんなことはないと、私「生長の家」へ来る前でしたけれど、つとめて一間先《けんさき》、二間先を見よう見ようと焦《あせ》りました。その故《せい》か少し見えるようになって来ていましたが、「生長の家」へ来て、『生命の實相《せいめいのじっそう》』を読んで二、三日した或日《あるひ》の事、活動写真を見に行ったところが満員でして、後《うしろ》の方《ほう》から覗《のぞ》くようにして見たのですが、大変よく見えるようになっておりました。もうこの頃では眉をひそめないでも、何でも大変美しく見えますし、有難いことと思っております。

立仙——谷口先生、唯今《ただいま》、皆さんから眼鏡をかけたいというのは、かけた方がよく似合《にあ》うからだというような話が大分《だいぶ》出ましたがそれについて一つ御感想をお願い申上げたいと存じます。

谷口——いや、私も眼鏡をかけていた時には、自分でもよく似合うと思っていました。ところが神戸の希望社の幹事の方《かた》が来られて私の顔を見て、「先生、近眼は治《なお》らないのですか」といわれた。その時、「ハア、この人にはこうして眼鏡《めがね》をかけていることが病人に見えるんだナ」と気がつきました。それで眼鏡をとってしまいました。今まで、眼鏡をかけている人を見ると、インテリのように思えたり、賢《かしこ》そうに思えたりして、「あの人は目の病気なんだな」というふうには少しも思わなかった。ところが私はそれ以後眼鏡をかけている人を見ると、「あアあの人は眼病だな」という気がして、ちっとも好《い》い容貌《ようぼう》だという気がしなくなってしまいました。要するにこれは著眼点《ちゃくがんてん》の相異《そうい》で、見る人の心によって、よくも悪くも見えるわけですね。実相《じっそう》の眼が開《ひら》ければ、眼鏡をかけていることなんか、ちっとも美しくなくなって来るのです。

◇

立仙《りっせん》――先生、よく近視は遺伝だということをいわれております。現に川村よし子さんもそう考えていられたということでございますが、これはどういうふうに解決されるのでございましょうか。

谷口――この遺伝ということを、医者は物質的遺伝と考えているらしいのですけれども、それはやはり念《ねん》の遺伝なのです。仏教では業念《ごうねん》の集積ということをいいます、業《ごう》が積まれて存続して行く――それを医者からいえば体質ということになるのです。「生長の家」では肉体は心の影ということをいっています。心というのは念《こころ》です。つまり親と子は念《ねん》の質が同じなのですね。それで念《ねん》がずっと続いて来ているのですから、親が近視を起《おこ》したような念《ねん》を持っていると、その子もその念《ねん》を受けついで持つことになるから自《おのずか》ら近眼になるということになるので、それが即《すなわ》ちこの遺伝なのです。

（新編『生命の實相』第44巻60〜76頁）

近視が治った体験談

先生（編註・栗原保介氏のこと）、私は何と御礼を申してよいかわかりません。永幡《ながはた》先生の御導《おみちび》きによりまして先生の有難いお話を伺《うかが》いまして、不自由な近視が即座に治ってしまいました。この時の私の喜びをお察し下さい。先生は自分の事ばかりでなく、家中《うちじゅう》の事もしなさいとおっしゃいましたので、私はその夕家中《ゆううちじゅう》のふとんを敷《し》きました。いつもは自分のばかりしか敷きません。お母様もお姉様も大変喜んでおりました。これからは先生の御教示《ごきょうじ》を一所懸命《いっしょけんめい》守ります。出来るかぎり神様に御仕《おつか》えして、御恩の万分の一でもおつ

くしたいと念《ねん》じております。あまりの嬉《うれ》しさに乱筆ながら御礼申上げます。

（高二女　鵜澤由江）

右礼状の中に即座に治《なお》ったという言葉があるが、その通り本当に即座に治ったのである。

八月二十五日、横浜市本牧町《ほんもくちょう》、本台会館《ほんだいかいかん》に於《お》いてオール横浜の誌友会《しゆうかい》があった。その時のことである。会は一先《ひとま》ず五時半頃に終ったのだが、病気、家庭苦、生活苦、その他一切《いっさい》の煩悶《はんもん》をもった多勢《たぜい》の人々が、その悩み苦しみを訴えて解決してもらおうとして残っているのであった。その中《うち》に混《まじ》っていた一人が、御礼状の主《ぬし》、鵜澤由江《うざわよしえ》さんだったのである。

由江さんは横浜市大鳥小学校の高等二年生で、当日は受持《うけもち》訓導の永幡《ながはた》まつえ先生と一緒に来られている。

「先生、私の近眼治りますか？」

由江さんは、だしぬけに、私に訊《たず》ねかけた。

「ああ、治る。君は家《うち》で洗濯もろくにしなければ、自分で食べたお茶碗も洗わないでしょう。それだからいけないのだが、そうした事が出来ると御約束するなら、直《す》ぐ治るが……

約束出来ますか！」

「出来ます。」

「それでは、もう治っている。明日にでもゆっくりと礼状を書いて寄越《よこ》して下さい。」

私は事もなげにこう言っておいて、その次の言葉は、待ちかねている後《うしろ》の人へと移して行った。

ところが、それから、ものの五分間と経《た》たない時だった。永幡先生の甲高《かんだか》い声が私を呼んで、次のように言われた。

「先生ッ！　この子の近眼が治りました。あの時計の針も、あの向《むこ》うの字も、眼鏡《めがね》なしでみんなよく見えるのです。御礼状は御礼状で出させますが、これこのとおりです。……早く先生に喜んでいただきたいと思って……。」

由江さんは、夕闇《ゆうやみ》のせまった薄暗い室《へや》の真中《まんなか》に佇《たたず》みながら、際限なく湧《わ》き出て来る好奇心と喜びの情で、四方八方を見廻していた。そうして、みんなの視線は一《いっ》せいにそちらに走った。

「この子は、最近しばしば近眼の度が強くなっていたので、遂《つい》には盲目《めくら》になってしまうよなんて、言っていたんでした。」

しんとした中《なか》に、永幡《ながはた》先生は更にこう附《つ》け加えた。

何度の近眼だったか聞きそこなったけれど、由江さんの近眼はこうして僅《わず》か一分たらずの話の中《うち》に治《なお》ってしまったのである。

他《ほか》の人の手助けをしよう。そう深く決心した時、由江さんの心の中《うち》には強い愛の力がもえ上ったのである。神そのものが顕《あらわ》れ給《たま》うて、不自由な近視眼《きんしがん》を治して下さった――光に遭《あ》った闇《やみ》の如《ごと》き早さで従来の不自由さは完全に拭《ぬぐ》い去られたのである。

近眼を治すのではない、愛他的な心にならなければいけないと、心を教育した時、本来ない近眼は完全に吹き飛んでしまって、その本来性に還《かえ》ったのである。

（東京、淀橋、西落合一ノ二五九、栗原保介）

◇

有《あ》りがたい『生命《せいめい》の實相《じっそう》』を読んでも、そんな事が有り得《う》るかしらと、うたがった私でした。長い主人の病気もなおす事も出来ず、十六年目に逝《ゆ》かれてからは、世の中の不幸を自分一人で背負ったような悲しみにひがんでいた私でした。谷口先生のお説《と》き下さるような明るい人生は、私には無いと思いきめていた我《が》のつよい私は、それにもかかわらず、何とはなしに『生命の實相』にひきつけられて、二月二十五日やっと「生長の家」をお訪ねして誌友にしていただいた。

そしてお山に通わして頂いて二日目には、長男の色盲《しきもう》が先生の御深切《ごしんせつ》な御助言にて癒《い》やされ、しかも今にして思えば私の心の反映にしかすぎないのですけれど、その時は父なき子の我《わが》ままに人知れず泣いていたその長男の性質が一変《いっぺん》して、いとも従順なよい子になってくれました。たった一日のへだたりは百年もの距《へだ》たりのように、昨日にかわる明るい、嬉《うれ》しい人生が開けて来ました。お山へ伺《うかが》って先生のお教えを伺う事が出来るうれしさ。

「人間は神の子だ、本来円満完全な仏の子である」と知らされて、その見地《けんち》に立ってみれば、世の中はすべて美くしい。何をみてもなつかしい。それから一週間ばかりたった或《あ》る日、お山ではいつもの通り皆様が色々の質問をしておられた。それはこの人生の縮図のような人生苦、社会苦、家庭苦というような、あらゆる方面の質問である。先生はどなたにも一々明快な、適切な、深切《しんせつ》なお答えをあたえていらっしゃる、突然或る青年の方が、

「先生近眼はどういう心ですか」と質問せられた。ところが先生はいとも簡単に、

「近眼はちかめだ」と答えられて哄笑《こうしょう》せられた。修行者達はどっと笑われたけれど、私の心は、はっと何物かにうたれて、ほんとうにそうだと思われて、何《なに》かなしに涙がこぼれて仕方がない。ほんとに利己的な身のまわりしか見えない自分、実相《じっそう》のみえなかった自

分がかえり見られて「近眼はちかめだ」と一日中思いつづけておりました。

翌日十時の神想観《しんそうかん》が終ってみると、眼鏡《めがね》が無い方がよいような気がして来ました。はずして見ますとお山の庭の松の葉さえ一つ一つ見えるように思われ、ちょうどその時松の木に下《お》りていた名も知らぬ小鳥の毛色まであざやかに見えました。でも急に眼鏡をはずすのもきまりが悪いと思って、そのままかけて帰りました。度の合わなくなった眼鏡をかけているせいか、眼が痛んでその夜は早くやすみ、翌日はお山へ伺《うかが》わずに二階で一人で神想観《しんそうかん》をはじめました。

と、ミシリミシリとはしごのあたりに人の足音がきこえました。「みつ子が帰ったのかしら」と思ったが、たれのけはいも無い、何《なん》となくぞっとして水をかけられたような気持がしていると、急に全身が何《なに》かにしばられでもしたようにかたくなって、眼前に漆黒《しっこく》のおひげのある五十年輩の体軀《たいく》も立派な方が、白い着物に黒の袴《はかま》をはいておられると思われるお姿が見えはじめ、しかもそのお手を私の両眼の前にてふられる度《たび》、光輝燦然《こうきさんぜん》たる七色《いろ》のふき流しのようなものがヒラヒラと流れて、流れるままに私のまぶたも上下して、やがて自然と眼があきました。

見るとどなたのお姿も無いけれど、私の眼には実に涼《すず》しい風が吹いているようで、そのまま痛みもきれいにとれてしまっておりました。信仰のうすい私は、それを何かの幻覚《げんかく》であったかしらと思い捨てておりましたけれど、今になって思いますれば、有りがたい神様のおはからいであったと思われて、ほんとうに有りがたい。それきり私は眼にも、心にも、眼鏡をかけません。愛と讃嘆《さんたん》に満ちた地湧《ちゆう》の浄土《じょうど》、こんなうれしい世の中の有る事を知らなかった自分に思いくらべて、このみ教えを早く皆さんに知らせて上げたい念願で今はいっぱいでございます。

（東京、牛込、市ヶ谷甲良町一五、柳澤田鶴子）

（新編『生命の實相』第44巻121〜129頁）

『生命の實相』を読んで治る

七月二十九日の夕方でした。今年十四になる姪《めい》の芳子《よしこ》が宅《たく》へ泊りに来まして「叔母《おば》様は、生長の家のお山へどうしていらっしゃるの」と尋《たず》ねたので次のように話して聞かせた事でした。「私は心の糧《かて》を頂きに上るのです。人の心は目にも見えない、手にも取れない、神と同じ霊《れい》なのです。この世でお仕事をする為《た》めに肉体という衣《ころも》を着て、神様のお使《つかい》として生れて来たのですから、私もあなたも神様の子なんですよ。」姪は驚いたようでしたが私は言葉を続けました。「蚕《かいこ》が自分の口から糸を吐《は》いて繭《まゆ》を作ってその中にいるようなものです。時期が来れば自分の口で繭を破って蛾《が》となります。そして今迄《いままで》とは違った仕事をやはり続けてゆくのです。人もこれと同じで、使命を果したら方便《ほうべん》に着ていた肉体の衣は脱ぎ捨《す》てて他《ほか》の所へ行くのです。こうした肉体の病気に心が捉《とら》われるものではない、神様に病が無いように神様の子に病気や不幸はないのだから、神の思召《おぼしめし》に従っておれば楽しくこの世の仕事を終える事が出来るのです」といってその例に、清き流れに棒を横《よこた》えておくと汚物《おぶつ》がひっかかって汚《きたな》い流れのようであるが迷いの棒を取り除くと元の美しい流れとなる、といい聞かせますと、よく判《わか》ったと申して『甘露《かんろ》の法雨《ほうう》』を読んで休みました。するとその翌朝《よくちょう》、大声で鴨居《かもい》の掛額《かけがく》が見え出したと騒ぎ、どんな絵かと問うと、菊の花で六輪咲いていると答えるのです。それから縁側《えんがわ》へ出て二間程離れて咲いている百合《ゆり》の花の蕾《つぼみ》の数をちゃんと数えました。それから掛時計に九尺程離れて立たせますと、朝七時頃には短針ばかりが見え、十時には長針も数字も見え始めたのです。こうして何もかも見え出し非常に喜んでその晩お山に参ります途中、代々木《よよぎ》の練兵場《れんぺいじょう》より打揚《うちあ》げられる花火を見て、両国で眼鏡《めがね》を掛けて見た花火と異《ちが》ってその色の美しく、空の綺麗《きれい》なのに驚いていいました。翌日、多摩川に水泳に連れてゆきましたが外《ほか》の泳ぐ人とぶつかる事もなく、潮《しお》が満ちて来たので私が土手《どて》の上から扇《おうぎ》で招《まね》きますと手を挙《あ》げて答えるのでした。土手の民家より立昇《たちのぼ》る白い煙や、鉄橋を過ぎてゆく電車の乗客の多少まで見え出したのです。今一つ面白い事には、外《ほか》の人より眼がとび出ておりましたのが日と共に普通となって来たことです。この子は又四年程前から医者に蓄膿《ちくのう》といわれて、鼻がつまり頭痛がして安眠《あんみん》の出来なかったのが、夕方ガスのような臭《くさ》い鼻汁《はなじる》が出たというので顔を見ると鼻すじの通ったよい形となっていました。翌日は細かい地図を三時間位書いていたが頭はどうもないといっていました。

こうして近眼二度の母をもち、小学一年の七歳から八年間、片時《かたとき》も眼鏡を離さなかった五度の近眼も、又四年前からの蓄膿も「生長の家」の真理の言葉の力によって解決する事が出来たのでした。

（東京、渋谷、青葉二〇、鈴木貞子）

◇

浜松市浅田町の清水光三さんは、友人の横倉さんから『生命《せいめい》の實相《じっそう》』をお借りして、熱心に読んでおられましたが、或日《あるひ》ふと御自分の乱視が快癒《かいゆ》しているのを発見して、大変喜ばれました。

清水さんはもと或《あ》る輸出織物《おりもの》組合の監査長をしておられたのですが、これは大変面倒な役目でして、輸出織物の或《ある》寸法のうちに、経糸《たていと》が何本、横糸が何本使ってあるかという事を調査しなければならないのです。調べる時は、従来の近視眼鏡《めがね》の上に乱視眼鏡をかけ、更に細長い拡大鏡《かくだいきょう》を覗《のぞ》かねばならないのですから、随分厄介《ずいぶんやっかい》です。三本も五本も糸をごまかしてある織物は、下役《したやく》が一応調べて不正を認めると、清水さんの処《ところ》へ廻《まわ》してよこします。清水さんが「これは駄目だ」と最後の宣告を与えれば、織物はその場で、輸出の出来ないだけの寸法まで、ざくざく截《き》られてしまうのです。自分の一言《ごん》が織屋さんに莫大《ばくだい》な損害を与える事を、あまりによく知っている清水さんは、拡大鏡を覗《のぞ》く度毎《たびごと》に、どうしても心乱れずにはいられませんでした。

その後この組合は、ある事情の為に内紛を生じ、清水さんは殊《こと》の外《ほか》、心を労し乱した為、極度に目を悪くしましたが、『生命《せいめい》の實相《じっそう》』のお蔭《かげ》でたちまち乱視が治《なお》ってしまったのです。清水さんはこの頃組合をやめて、他の事業を始められましたが、頗《すこぶ》る順調で、この間は実に思いがけない処《ところ》から思わぬ仕事を恵まれ、これは正に「生長の家」の神様のお蔭であると言って、非常に喜ばれました。最近私の所へ全集を求めて来られましたが、いつも本を持っていないと淋《さび》しくて仕様がないと被仰《おっしゃ》っておられます。

（浜松市、三組町四〇、花井陽三郎）

◇

私の娘は金蘭会《きんらんかい》高等女学校の五年ですが、入学当時から三十度の近眼鏡《きんがんきょう》をかけるようになり、最近迄に、四回程眼鏡の度を代えて、十四度になっていました。ところが愚妻《ぐさい》の数年来の心臓、胃腸、その他雑多の病気が『生命の實相』を読み出したお蔭で、健康を取《と》戻《もど》してから、娘にも神想観《しんそうかん》をやらせておりました。尤《もっと》も娘も『生命の實相』や『生長の家』誌(五月号より入会)や、光明叢書《こうみょうそうしょ》の小冊子も読んでいて、近眼の治った実例等も知ってはいましたが、或時《あるとき》二階で独《ひと》り神想観をした時に、瞑目《めいもく》のうちに御光《ごこう》のようなものが見え、次《つ》いで白衣の顎鬚《あごひげ》の長い爺《じい》さんが杖《つえ》をついて向うから来て、自分の身体《からだ》へ消え込んだと申して不審《ふしん》がっていました。それから程なく教室の黒板の字や、書物の字も今までと違い、良く見えると申して、七月二十日からの夏休み以前に眼鏡を外《はず》し、同級の近眼者を羨《うらや》ましがらせています。娘の申すに、神想観をする時、近眼を治そうという念《ねん》を特に持ったのではない、読み且《かつ》教えられたように、「自分は神の子である、完全円満で無病健康だ」と思念しただけだと申しております。私達親子三人は「生長の家」に入ってから、幸福に感謝の日々を送り、神想観をし、仏前では『甘露《かんろ》の法雨《ほうう》』の奉読《ほうどく》を日課のようにつとめております。(逸名)

◇

「近視眼《きんしがん》が治《なお》った――」

私は近眼が治ったという言葉を今使いたくない。何故《なぜ》ならば本来実相覚《じっそうかく》からいえば病気は無い。蓋《けだ》し、近眼という病気があり得ないからである。

私が近眼鏡《きんがんきょう》をかけて十年余《よ》、この数年間十一度の眼鏡《めがね》をかけて来たのである。昭和六年に検眼した時は「七度です」といわれて、七度のを求めてかけていたが、遠方は大変はっきりして好《よ》いのであったが、机に向って書物を見たり、仕事をする時には少々強すぎるので、又十一度のをかけて来たのである。

私が生長の家の誌友にさせて頂いたのは昨年の十一月であった。以来度々近眼の癒《い》えたお話を伺《うかが》う毎《ごと》に私も眼が良くなるかしら？　けれど敢《あえ》て眼鏡をはずそうという気にもならなかった。

実は私はこれ迄《まで》面白い経験をしている。それは朝起きて何《なに》げなく遠方を見やると、はっきり外の景色を見渡し得《う》る事であった。その時は勿論《もちろん》、眼鏡の存在は全く忘れている時なのである。そして眼鏡は？　と気が付くと、うすぼんやりして見えなくなったりする現象を幾度か経験している。はて、後《あと》で考えて自ら自分の近眼の真偽《しんぎ》を疑う事さえあった。

しかし、今更《いまさら》こんな事を発表するのも変なものだと思って、それきり何《なん》だかぎごちない気持でいたのである。

さて、去る七月九日の事であった。朝いつものように眼鏡をかけようとすると、片方のレンズに真中からひびが入っている。ふとその時かねがね眼鏡をとろうと思っていた矢先なので、今はずすべきだと思ってはみたが、やはりいざとなると不安になって、昨年迄かけていた、古いのを取り出して外出した。

今迄なら古いロイド眼鏡もそう似合わなくもなかったのであったが、近頃幾分又肥《ふと》り出して寸法がどうもよく合わない。そして非常に鼻のあたりが痛くて仕方がない、それで会社へ行ってから鏡を見たらとても不調和な事この上もないのである。これこそ神様がいよいよ取れと仰《おっ》しゃるお示しかも知れないと思って、その日一日眼鏡を用いずに仕事をしたが、別段頭の痛むという事もなかった。二日ばかり会社の往復の道だけかけていた。

十一日は全然取って、十二日の事明《こと》十三日《みょう》は日比谷公会堂で先生の御講演があるので、折角《せっかく》の御講演を伺《うかが》っても先生のお顔が見えないではつまらない等と思って、もう絶対に取るべく決心して、しまっておいた眼鏡をもう一度、そーッと人目をはばかりかけて鏡を見たのであった。そうしたら、こんどは却《かえ》って写った自分の顔がまるでポーッと見えて、何だかふらふらして来たので、すぐはずしてしまった。その時私は思った。そうだすべて今より機会はないのだ。本来実相《じっそう》世界に物質は無い、そして眼鏡《めがね》という物質も勿論《もちろん》ないのである。今を生きないでは生涯《しょうがい》機会はないとの一大決意をしたのであった。そして私はこの大信念の下《もと》に、眼鏡の存在を否定したのである。十三日公会堂へ行って後から二番目の椅子に腰かけていた。始めは演壇《えんだん》の所にはり出されていたお名前など、又前座の講演者である阿部氏のお顔もボーッとしていたが、しばらく眼をとじて念じつつ開けば大分《だいぶ》前よりはよく見える。又二、三度そうして念じているうちに、はっきりとしてきたのである。お名前の上の肩書迄《かたがきまで》見えてきた。傍《そば》にいた友達に、「あそこに、こういう字が書いてありますね」と申したら、「ええそうです」との答。すっかり自信を得て、以来今日《こんにち》迄何の不自由もなく暮らしている。よく友達が「あなたどこまで見えて? ここ迄見えて?」と試《ため》されますが、私断じて「神の子を試すべからずよ」といって「神様は必要に応じて、見せて下さるから、心配は無いのです」と放言《ほうげん》している。

誠に感謝すべき哉《かな》。『生命《せいめい》の實相《じっそう》』一巻によって、私の近眼は救われたのである。私の今迄の心の持ち方もすっかり変《かわ》ったのはまた事実である。

最後に私は近眼の皆様におすすめする。「唯《た》だ理窟抜きに『生命の實相』を御覧なさい」

と。そうして「真理の鏡で御自分の心をお写しなさい」と。

（東京、中野、新井町五七七、野崎千代）

◇

僕は東京府立三中の五年です。遠視の眼鏡をかけていました。乱視も少しありましたが、これは軽くて遠視はどの眼鏡をかけてもどんどん進んで行くのでした。眼鏡を変えて眼にあうと又見にくくなってきました。それで最後に或《あ》る博士に診《み》ていただいて、「遠視はなおりますか」と尋《たず》ねたら「遠視はなおりません」とおっしゃったのです。僕は「弱ったなあ」と思いました。本当にがっかりしました。今からそれを思いますと、医者がそういうのも無理のない事です。唯物《ゆいぶつ》的で病気ばかりを見ている現代医には、可哀《かわい》そうにもなおすことが出来ないのです。そして病気は進む一方なのです。或日《あるひ》父が『主婦之友』でその不思議な神癒《しんゆ》に感激して、すぐに『生命の實相』の本を僕に与えて下さいました。母は五月十日から毎晩寝る時枕許《まくらもと》で聖経《せいきょう》『甘露《かんろ》の法雨《ほうう》』を読んでくれましたが、十五日の夕刻には、眼鏡が邪魔《じゃま》になってどうしても掛けていられなくなりました。それから眼は完全に近くが見えるようになりました。厚く御礼申し上げます。僕はこう思います。医者ばかりが悪いのではなくて、自分の心が遠視にしているので、心で「とおめ」なのであります。

それで医者ばかりを悪くいうことはできません。人の事から外《ほか》の事等余計な事ばかり考えて、自分の事はおるすになっていると、自然に心は自分の近くに見えない。遠視は近くが見えないのではなく、見ないのであります。自分の事をしっかりやっている人は、自分の近くを一所懸命《いっしょけんめい》に見ますので、近くがよく見え、これも度をこして利己主義になりますと、遠くが見えなくなって近視になると思います。結局遠視は、近視と同様に心が無明《むみょう》にあるためにそうなるのですから、なおっても心が無明に入《い》れば又近くが見えなくなる。だからいつもこの『生命《せいめい》の實相《じっそう》』のような神書《しんしょ》を読んでいれば、光明《こうみょう》のうちにいますから、遠視のような無明に入《い》ることはありません。そして次第に肉体の組織も変《かわ》って正しい完全な眼となります。けれどおしゃれに眼鏡《めがね》をかけたがる人はだんだん悪くなります。僕も小さい時に、ちょっとスマートでえらそうに見えますので、眼鏡をかけたく思いました。それで心の工場で、目の悪くなるように働き出しました。僕は人の事や外《ほか》の事が気になる性分《しょうぶん》でしたので、遠視になりました。このようにして大方は自分の心が遠視にするのだと思います。近頃は眼鏡のない方がよっぽどスマートであるような感じが致します。とにかく眼鏡をかけていた遠視がなおりましたので、これ程《ほど》うれしい事はございません。僕は眼鏡がうるさくなって、取ってもよく見えた時は非常に軽くなったような気が致しまして、仕事もしやすく非常にうれしゅうございました。実に谷口先生のお蔭《かげ》だと心から感謝しています。光明の楽土《らくど》に入る時に眼につづいてあらゆるものがなおり、すべてが明るくなったような気が致します。谷口先生どうも有難うございました。

（東京、渋谷、穏田三ノ八七、中島廉平）

（新編『生命の實相』第44巻134～147頁）

争う心をなくしたら白内障が消えた

或《あ》る五十歳位の奥さんが私（編註・谷口雅春先生）のところへやって来られたのでありました。この奥さんの顔には、一面に瘤《こぶ》のような根痃《ねぶと》のようなものが出来ていたのです。数年間続いていてそれが中々治《なお》らないのです。一つ治ると代《かわ》りに五つ出来るという具合で、その時は二十位瘤が出来て醜《みにく》く腫《は》れ上っていたのでありました。その上目も悪い、白内障《しろそこひ》とかいうので、先達《せんだっ》ても駿河台《するがだい》の井上眼科に行かれますと、「まあこれは、現在治療の道はない。見えなくなってから手術する他《ほか》はないでしょう」というような話であったのでありました。

それで私はいったのであります。「あなたは外部から治《なお》そう癒《なお》そうとかかっているけれどもこれは外部からでは治らない、内《うち》から治さなければ駄目《だめ》です。あなたはいろいろと心に不平不満を持っているんでしょう。瘤《こぶ》はあなたの不平な膨《ふく》れた心の現れです。心に、不平の心が積《つも》っている証拠としてあなたの顔が腫《は》れ上っているのです。鰒《ふぐ》でも憤《おこ》らすと膨れるでしょう。これは心が肉体にあらわれる証拠です。あなた、その瘤を治したいと思うなら不平の心を捨《す》ててしまって何でも有難いという心におなりなさい。又白内障《しろそこひ》は、あなたが、光を見ないように見ないようにする心の現れです。どんな有難いことがあっても、あなたはその有難い本当の光を見ないで不平になるのです。明るい光の輝いてる世界があるのに暗い世界ばかりを見ている。それで目が見えなくなるのです。あなたは人と仲が悪く、争《あらそ》う心を持っている。そして頑固《がんこ》な心を持っている。もっと和《やわ》らかい気持になって争う心をすてて皆と調和してごらんなさい。きっと治りますよ」と申したのでありました。その日はそれで終りまして、それから十日程してその奥さんが又やってこられまして皆さんの前で体験談をなさいましたが、今度はすっかり瘤がとれて綺麗《きれい》な顔になってしまっている。それは、私の話を聞いてその方の心の瘤が消え去って、心の中に天国が出来たから、その現れとして、今迄《いままで》顔に出ていた瘤が消え、と同時に家庭や環境やすべての状態がよくなって来たのでありました。奥さんのお話を伺《うかが》いますと、この方にはお子さんがないので養子さんをされ、今はその養子さんにお嫁さんを貰《もら》って家を継がせていられるのです。いわゆる両貰《りょうもら》いであります。自分が生みもしないのに小さい時から金を使って育ててやって、嫁迄もたせてやったのに、やっと就職して僅《わず》かな月給しかとらない癖《くせ》に、一かどえらそうな若主人顔して振舞《ふるま》っている。それが気に障《さわ》って仕方なかったのだそうであります。それで家にいても息子に対してはつんとしている。すると息子もお母さんに対してはつんとしている。両方からむっつりして話一つしない。そして、互《たがい》に気まずい思いをして暮していられたのでした、ところが私のところへ来られて私の話をきいておられる中《うち》に非常に奥さんの胸にこたえるところのものがあった。これまでも自分がそんな心になるのはいけないと思って、修養《しゅうよう》して随分《ずいぶん》努めたけれども、どうにもその心がなおらなかった。それに私がその方の顔を見ている中に自然と口をついて出た言葉がピタリと当《あた》ったので、その方の心を非常な力で打ったらしいのであります。それで私の言葉を聞いていられる中《うち》に、ああ成《な》る程《ほど》そうであった、自分が悪かったと気がついた。顧《かえりみ》ると、一々心にこたえることばかりだった、息子に向って、私は、いつもあんないやな顔をしていて本当に気の毒だったと気がついた。気がついてからは、その日息子が会社から帰って来ると、「暑かったろうね。本当に御苦労であった」といって団扇《うちわ》で煽《あお》いでやる。すると自然に今迄《いままで》義母《ぎぼ》を敬遠していた息子がニコニコし出してたちまちにして天国が家庭に顕現《けんげん》したのです。又この方は大変に我《が》が強かったために数人の兄妹《けいまい》と皆仲違《なかたが》いをして絶交同様にしておられたのでしたが、これも御自分が悪かったと気がついて現在の御自分の心境を手紙に書いて送って、詫《わ》びられたのでありました。すると一番上のお姉さんが、妹の心の変《かわ》ったことを大変に喜んで、今度は妹であるその方に、まるで、御自分の姉さんででもあるかのようにいろいろと相談を持ちかけて来るようになった。ああ姉妹の仲の好《よ》いというものは好いものだ。ますます有難いという気持になって来る。このように心の瘤《こぶ》、心の膨《ふく》れたわだかまりがなくなると、目に見える瘤がいつしか消えてしまった、それは顔の瘤のことばかりではない、環境の瘤までも消えてしまったのであります。すると今度は白内障《しろそこひ》が治《なお》って来たのです。今迄ボンヤリとしか遠方が見えなかった眼がハッキリ見える。どうしてそうなった、といえば、今迄だって、このように明るい、有難い世界があったのに、それを自分で見ようとしないで心の目を閉じていた。その証拠に目が見えなくなっていたのですが、心の目が開いて、明るい本当のものの姿を見られるようになって来たのです。その現れとして、この眼も見えるようになって来たのであります。その方の心の持ち方一つで顔の瘤はなくなる。目は見えるようになる。環境は良くなる。いながらにして天国浄土《じょうど》がその方の周囲に顕現《けんげん》したのであります。この話でも分るように、自分の心のことを少しも問題にしないで、自分の外《そと》に天国を建てようとかかっても建つものではない。自分以外の手段、方法を以《も》って、外の現れをいくらよくしようと思ってもよくはならない。外にばかり求めていた気持を、翻《ひるがえ》って内《うち》に転じ、自分の心を直した時に、心の中に天国が建てられた時に、心が実相《じっそう》を悟《さと》った時に、はじめて外部にも天国浄土が出現して来る。そしてそこに地上天国が出現して来る。そしてそこに地上天国が建設せられるのであります。

（新編『生命の實相』第36巻64〜69頁）

何十年間の色盲が治る

東《あずま》製氷会社の技師長今関寿雄《いまぜきひさお》氏が『生命《せいめい》の實相《じっそう》』を読み、わたしの直接指導を受けて心境一変《いっぺん》して銀座へタクシーを飛ばして来るや、その時まで何十年間色盲《しきもう》であって、何十年来銀座街頭に見るネオンサインも、一様に黒ずんだ美しくない光であったのが、その時突然五彩《さい》の渦《うず》巻く燦爛《さんらん》たる美しきネオンサインの光景を見て、自己の色盲が治ったことを自覚した事実をわたしは別著『伸びる力』に書いておいた。これはわたしが今関寿雄氏から直接その体験談をきいたところであるが、客観界に存在するネオンサインは今関氏の色盲《しきもう》が治《なお》る以前も治ってから後《のち》も同じような類似《るいじ》の五彩の燦爛《さんらん》たる光を放《はな》っていたのである。しかるに今関氏の色盲が治る以前は、そういう五彩の感覚が起こらないで、単純な黒っぽい光の感覚のみが感じられていたのである。しかしながら色盲が治る以前の今関氏の感覚は錯誤《さくご》であって、色盲が治ってからの今関氏の感覚だけが事実であるかというとけっしてそうではないのである。色盲当時に今関氏が感じた単純色も、かく感覚器官面に起こった波動として事実であり、色盲治癒《ちゆ》後に今関氏が感じた複雑五彩《さい》を呈《てい》する色も、かく感覚器官に起こった波動として事実である。それは水中に挿入《そうにゅう》した箸《はし》が写真機械には折れて映《うつ》るから光学上折れていることも事実であり、箸に触覚的に定規《じょうぎ》を当てて検《けん》すればまっすぐであるから折れていないのも事実であるのにも似《に》ている。色盲時と、色盲治癒後とにおいて経験される感覚の相異《そうい》は、感覚器官面の波動事実そのものが変化をきたしたのであって、色盲であってさえも、その見える事実はけっして感覚の錯誤ではないのである。

このように、感覚は感受者の感覚器官面に起こる波動を基礎として表現されるものであるから感覚事実は——これのみが科学の材料として蒐《しゅうしゅう》集される事実である——厳密《げんみつ》にいえば、各人《かくじん》おのおの異なるのである。各人おのおの感覚器官面に起こる波動事実が異なるとするならば、事実を蒐集しても、これを分類総合して法則を発見するという科学の第二、第三の機能を達しうるだろうか、はなはだ疑問であるといわねばならない。

さらに写真の感光板における状態を例に引いていえば、クローム級の感光板は赤色《せきしょく》に感光しないで赤色も黒く写る。全整色級《パンクロ》の感光板は赤色にも感光してその赤色が明るく写るのである。そうすると、クローム級の感光板は色盲であって、感光に錯誤を起こしているのであるかというとけっしてそうではないのである。クローム乾板《かんぱん》に塗布《とふ》されている感光剤においては赤色では化学変化が起こらないのは科学的事実であり錯誤《さくご》ではない。全整色級《パンクロ》感光板の感光剤が赤色によって化学的変化を起こすのも化学的事実である。赤色に感光すると、感光しないとはその写真乾板が感覚の錯誤を起こしているのではなく、乾板表面の感光剤に起こる波動事実の相異であって、どちらも同じ程度において存在しているのである。

昭和十年七月のこと、当時双葉《ふたば》高等女学校の二年生川村よし子嬢が『甘露《かんろ》の法雨《ほうう》』を誦《よ》んだのち、左右五度と四度との仮性近視が治ったのは有名な話である。『甘露の法雨』は『生命《せいめい》の實相《じっそう》』の中に収録されている自由詩であるが、時々こんな驚異的現象が起こるので、人称して「聖経」と呼んでいるのであるが、そんなことは今わたしが話そうとすることではない。ただ川村よし子嬢が、左右五度と四度との強烈な近眼が治《なお》ってしまった後《のち》に同嬢の感覚面に起こった外界《がいかい》の認識にいかなる変化が起こったかが問題なのである。近眼の治った翌日は明治天皇祭の日であったので、多くの美しい花火が空中に打ち上げられた。川村嬢は近眼鏡《きんがんきょう》なしで初めて空中の花火が見えるようになったのだが、四度と五度との近眼鏡をかけて見ていたころには花火というものは直径一尺くらいの小さいものに見えていた。ところが近眼鏡なしに見た花火は直径二メートルも三メートルもある素晴らしく大きなものに見えた。その日は好晴《こうせい》で海岸に出かけて行ったが強度の近眼鏡をかけて見ていた空は、どんな晴天の日でも、ただ白っぽく見えるばかりであったのが近眼鏡なしに見る碧空《あおぞら》は紺碧《こんぺき》の美しさをたたえていた。その時同行した叔母《おば》さんに「叔母さん、空って美しい藍色《あいいろ》なんですねえ?」と川村よし子嬢は感嘆《かんたん》したのである。この話は川村よし子嬢を眼の前に置いてその叔母さんなる人が話した体験談であるから虚偽《きょぎ》はない。そこでわたしが考えてみたいのは近眼が治るとか治らぬとかの問題ではない。川村嬢が近眼の時に見ていた小さな花火は錯覚であったろうか、美しい青空が白く見えていたのは錯覚であったろうかということである。そして、近眼治癒《ちゆ》後に起こった感覚(大きく、美しく見える花火や、紺碧の美しい碧空《あおぞら》や）の方がはたして正しい感覚事実であろうかということである。わたしに言わせれば近眼の時に見た小さな花火も白い空も、それを感知した時の同嬢の感覚器官面における波動的存在の事実であって錯覚ではないのである。近眼治癒後に感じられた大きな花火も紺碧の空も、またその時に同嬢の感覚器官面に起こった波動的存在として事実なのである。それを後者の方《ほう》のみを正しい感覚と見るのは、大多数の人類と同じように感ずる方《ほう》を正しいと解釈するところの立場から見るからであって、盲人《もうじん》にとってはこの世界に光線がないのは（換言すれば彼の感覚器官面に光線と感じられる波動が起こらないのは）事実であって錯覚ではないのである。

（頭注版『生命の實相』第35巻47～50頁）

心の眼をひらけば目も見える

『放送人生読本』の中にある渡辺英三郎先生のところに或《あ》る日女の人から手紙が来たのであります。その手紙にはこう書いてありました。

「自分の妹が目がわるくて数年間盲目《もうもく》になっています。これを何とか治して貰《もら》えないものでしょうか。先生をこちらからお訪ねしたいと思いますが、盲人《めくら》のこととて暗い気持でいて家を出たがらないものですから、すみませんが日曜にでも来て下さいまして妹に話してやって下さいませんか。」

深切《しんせつ》な渡辺英三郎先生は、請《こ》われるままに、その家を訪問してお出でになりまして、その盲目《めくら》のお嬢さんに「人間神の子、本来盲《めくら》は無い」と云《い》う話をなさったのであります。相手はまだ若い二十位《はたち》のお嬢さんでありましたが目が見えないのに悲観して、部屋の隅《すみ》にいつ敷《し》き直したかわからないような寝床《ねどこ》でホコリにまみれて寝ているのでした。渡辺先生は深切《しんせつ》に次のような意味の話をなさいました。

「眼が見えないというのは、天地の光を見ないからであります。天地の光と云うのは天地間のありとあらゆる吾々《われわれ》のためになるものは日光でも、水でも、大地でも、食物でも天地の恵《めぐみ》だと云うことです。その天地の恵を有りがたく感謝して受ける心を『天地の光を見る心』と云うのです。天地の光を見る心になれば、自分の心の眼が開《ひら》ける。心の眼がひらけると、肉体は心の影でありますから肉体の眼もひらける。そして見えるようになるのですよ。だから、これからあんたはすべてのものに感謝するようにしなさい。どんな些《さ》細《さい》な恵《めぐみ》でも有難く受けるようにしなさい。有難く受けたら、ただ有難いと、心で思っているだけでなしに、これを行《ぎょう》じなければならない。眼がわるくて思うように動けないにしても、その感謝を形にあらわすためにそれを動作にあらわして実行するようにしなければなりません。感謝するという心があれば、必ずそれを行《おこない》にあらわして、掃除《そうじ》をするとか、布団《ふとん》をたたむとか、誰《たれ》かのためになることを実行しなければならない。そうでなければ本当に感謝したことにならないのですよ」こんな話をして渡辺先生がお帰りになったあとで、今まで盲目《めくら》を悲しみ、天を恨《うら》み、人を憎んでいた心を捨《す》てて、その娘さんは起き上り布団にお礼を言って片附《かたづ》け、手さぐりで顔を洗って出て来て、幼い弟を愛撫《あいぶ》しているうちに、その眼が見え出したのであります。

この体験の中で最も注目すべき点は、このお嬢さんが自分の不幸のみに心が捉《とら》えられずに、感謝と愛とを実践《じっせん》しはじめたときに視力が恢復《かいふく》したと云うことであります。真理を知るということと「行《ぎょう》ずる」と云うこととが離れておりましたならば、これは単に頭脳の働きだけになってしまって、生命全体の働きにならないから効果があらわれないのでありま す。「真理を知る」ことが生命全体のハタラキになりました時には、ここに自然に行ずるというハタラキが出て来るのであり、また生命全体のハタラキになるとき、宇宙大生命と一体になりますから宇宙全体の生命《いのち》に生かされて、病気も治《なお》り、目も見えるようになるのであります。真理はそれを知ったら全生命で行じなければならない。知行合一《ちぎょうごういつ》――知と行と信と行とが一つになってしまうことが必要なのであります。知と行と、信と行とが一つにならなかったら、頭脳の知恵で悟《さと》ったとか悟らないとかいくら言ってみても、理屈は上手《じょうず》で、説教して他《ほか》の人を導くことが幾《いく》ら上手でも、これではまだ本当ではないのであります。つまり真理を知ることが行ずることになった時に生命全体の働きになるわけでありますす。「人は心で思う通りになる」と云《い》うことは真理でありますけれども、「私は健康だ」と思っても、なかなか健康にならぬと言う人もある。それは、頭脳で思うだけで、その思うことを生命全体で実行しないからであります。「私は健康だ」と全生命で知り、全生命で行じているような人ならば必ず本当にこの通りになるのであります。

『生命《せいめい》の實相《じっそう》』を読んで真理はわかったけれども、御利益《ごりやく》が得られないというような人は、真理が頭脳だけで空廻《からまわ》りをしていて、行ずると云うことをおろそかにしているのであります。行ずるところに、実相円満完全《じっそうえんまんかんぜん》の世界から無限の生命でも無限の智慧《ちえ》でも湧《わ》き出て来て道がひらけてくるのであります。

◇

どんな難しい問題でも実相《じっそう》からの無限の智慧がひらけて来たら解《と》けない問題はないのであります。糸のもつれはなかなか解けないもつれが沢山《たくさん》あるのであります。これは糸には生きた生命がない。と云うことは実相世界からの無限の智慧が生命のない糸には流れ込んで来ないからであります。皆さんが糸屑《いとくず》をくしゃくしゃにして、引張って御覧になりますと、くしゃくしゃにもつれてしまってどうしてももつれの解けないことがありましょう。どんなにしても解けないのです。ところが吾々《われわれ》の髪の毛は、洗うときに、どんなにクシャクシャに掻《か》き廻《まわ》して混乱させて置いても、櫛《くし》を通して見ますとあまりもつれないですっと梳《くしけず》ることが出来ます。縫糸《ぬいいと》を髪の毛のようにグシャグシャに掻き乱したら、絶対くしゃくしゃにもつれてしまって中々解けないのでありますけれども、髪の毛はすらすらと解けてしまうのです。ここに生命の不思議と云うものがわかると思うのです。つまり生命のないものは、渋滞して、もつれて滞《とどこお》ってすらすらとならないのです。髪の毛は生きているから生きているものはすらすらともつれないで櫛でもスラスラと通って行くのです。

髪の毛と同じことで、生命というものが吾々の行《おこない》の中に現れて来なかったら、何事も、もつれて旨《うま》く行かないのであります。真理を知るだけで、その中に生命というものが出て来ないで、頭だけに教えが印象されて「ああ自分はわかった」と思っているだけでは、それでは物事のもつれが解けて来ない、やはり実際知ったことを実行するところから物事が解決してくるのです。

◇

渡辺英三郎先生が、次の日曜日にその盲目のお嬢さんはどうなっているかと思って訪ねてお出でになったら、お嬢さんはニコニコして、玄関へ迎えて出られました。この前、はじめて行った時にはとても暗い表情して、陰惨極《いんさんきわ》まる、まるで地獄の国から来た亡者《もうじゃ》のような容貌《ようぼう》をしていた娘さんが今は実にニコヤカな顔になって、目なんかも非常に明るく輝いた光を帯《お》びていました。そうして「先生、私の目は見えるようになりました。治《なお》りました」と言われるのです。渡辺先生の方がびっくりしてしまったのです。

「あれからどうなさって治ったのですか」とたずねますと、その娘さんは、「私は目は見えないけれども、先生の被仰《おっしゃ》るとおりを行《ぎょう》じました」と言うのです。「先生の被仰ることに感激いたしまして、感謝を行じなければならぬと思いまして、先生がお帰りになると、早速寝床《ねどこ》をたたんで、箒《ほうき》を持って掃除をしました。目が見えないけれども、御飯食べたら自分の茶碗《ちゃわん》を手さぐりに丁寧《ていねい》に洗って台所から出て来ますと、弟が〝姉《ねえ》ちゃん今日は綺麗《きれい》な顔しているのですね〟と言いますから、坊やは善《よ》い子だねと弟を抱《だ》いて愛《あ》撫《や》していますと、ふと弟の顔が見えて来たのです」と言うのです。此処《ここ》が大切なところでありまます。目が見えるようになるために、台所の仕事をしたというのではないのです。ただ感謝のために行じたと言うのです。つまり「目が見えたらしよう」とか、「こうしたら目が見えるだろう」と思って功利的《こうりてき》な考えでやるのでは、中々お蔭《かげ》が戴《いただ》けないのです。ところがもう既《すで》に我《われ》らは与えられている。その恵《めぐみ》に対して感謝の心を起《おこ》していると自然にお蔭が得られるのです。

（新装新版『真理』第8巻286〜291頁）

盲人の尊い悟り

神恩《しんおん》に感激して、盲目の不自由な身で、体験を語り、誌友《しゆう》を感動さした青年がある。それは七月三日の午前のことである。

その青年の兄さんが、熱心な誌友だった。今年の二月ごろから、その青年は奇病にかかったのである。それは脚《あし》の方からしびれて来る奇病だった。だんだんそれが上体部へ及んでくる。が、ちょうど勤務先が忙しい時だったので、押して出勤していたが、四月にはとうとう動けなくなって入院した。左半身がクナクナになって、キュッとひきつり、弓のように身体《からだ》が左へ曲がったきり伸びないのである。脚も左側はフラフラになってほとんど利《き》かないのだ。恐らく他《た》に類のない奇病で、病院でも手の施《ほどこ》しようがなかったのである。ところが、その身体《からだ》の痺《しび》れが目にまで上《のぼ》ってきて、失明することになった。初めは、視野が狭くなって、だんだんにその視野が絞りこまれ、ちょうど、映画のしぼりのようにスウッと視野が小さくなっていって、しまいに視野がなくなり、視力を失ってしまったのだ。病院でも手の施しようがないので、そのまま病院を出たのである。兄さんが大変熱心な誌友なので、お母さんと二人ですすめて、その青年を生長の家本部へ伴《ともな》ったのであった。ところが、最初の神想観《しんそうかん》をすると、帰り道では彎曲《わんきょく》していた身体がスッと伸びた。そして眼の不自由はまだ治《なお》らなかったが、脚《あし》の不自由はスッカリ治って、その日、本部を訪ねる石の坂道を、目の明《あ》いている人よりも確かに、楽々登ってしまって、自分でも驚いたのだった。そして、今までクナクナしていて、お茶碗を持てなかった左手が治って、久方《ひさかた》ぶりにお茶碗が持てておいしい御飯を食べたのだといった。

「どこからかわかりません。手からか、脚からか、胸からか、どこからかわかりません。けれども、嬉《うれ》しい、ありがたい心が湧《わ》き出して、ただただ感謝のほかありません。本当に嬉しい、ありがたい。手からも、脚からも、胸からも嬉しい心が湧き出します。実相《じっそう》の目はもう見えています。本当の自分の目はもう見えています。やがて、本当の目が、肉体にひらけると思っています。」

熱のこもった体験談をした。この本当の自分の悟《さと》り、盲《めし》いていて見える本当の目の悟り、これは尊い悟りである。

（頭注版『生命の實相』第34巻114〜116頁）

信仰心で老眼が治る

宮信子さんは、『生命《せいめい》の實相《じっそう》』をお読みになると共に、今迄《いままで》、神を信仰しながら、不幸が来る毎《ごと》に、「これも神から来るものだ」と神をあたかも不幸の造り主のように神に感謝していられた誤りを自ら悟られまして、「神は決して不幸の造り主ではない。神とはそんな残忍なものではない。今迄、自分の心で不幸を造っていて、その責任を神様に塗りつけていて申訳《もうしわけ》がないことだった」と悟られました。するとその悟りが出来上るとほとんど同時に、宮さんの老眼が癒《なお》ってしまったのであります。

今迄の宮さんの信仰で行きますならば、「老眼も神様が造って与えられたものである。有難い」とその老眼の造り主を神様だと見て、老眼を甘受《かんじゅ》されるような信仰態度でありましたが、「生長の家」に入られましてからの信仰態度は、「神は善であり愛であるから、老眼というような不完全なものを造り給《たま》わない、神の造り給うた眼は今も尚現《なおげん》に完全である。人間は神の子であり、神より無限供給を受けているから、いくら長時間生活しても老《ろう》衰《すい》することはない。それに老眼のように現れているのは、自分の念《こころ》の間違《まちがい》である」というようになって来たのであります。先の信仰のように神様が老眼や病気を造り給《たま》うたということになりますと、それを治そうとする事は、神様のお計いに対する冒瀆であるという当然の結論になって来ますから、信仰深き人の潜在意識はそれを治《なお》すことを遠慮するがために、医者にかかってもなかなか治らない、むしろ治さないのが神様に対して忠実な所以《ゆえん》であるという事になるのであります。ところが神は人間を健康と幸福とに造ったのであって、病気や不幸やを作らないという信仰になりますと、病気や不幸を治す方が神への忠実な奉仕となってまいりますので、潜在意識の方でそれを治そう治そうと努《つと》める——従ってこういう信仰になって参りますと病気が自然と治る、不幸でも老眼でも近視でも治るということになるのであります。テレゼ・ノイマンや聖《せい》フランシスが、病気に罹《かか》る事が神への忠実な奉仕だと信じていたその信念の潜在意識の作用だけによってすら、磔刑《はりつけ》と同じ外《がい》傷《しょう》が出来たことを思い合《あわ》すならば、「病気を神は造らぬ、病気は本来無いのにその無い病気をアルように見せて神様に申訳《もうしわけ》がなかった」という信念が徹底すれば、病気が治ってしまうのは当然のことであります。

ところでこの宮信子さんの老眼の治った話でありますが、宮さんは唯今《ただいま》もう五十歳余りの年齢でありますが、在来の信仰「神は病気や不幸や老衰を造るという信仰」でおられました当時は、もう五十歳にもなると人間は老衰するという信念が働きますので、その信念の通りに老衰して老眼になってしまわれた。それで御嬢さんが読本《とくほん》（編註・旧制小学校における「小学読本」という国語教科書）にある字画《じかく》の多い文字を「これ、お母さま、何と読むの」ときかれましても、学校の教科書のことでありますから、四号活字（編註・約五ミリ四方の大きさに入る活字）位の大きな活字で書いてあるのですが、それでも老眼鏡をかけなければ見えなかったのであります。その宮さんが生長の家の聖典『生命《せいめい》の實相《じっそう》』をお読みになると、一ヵ月もすると、その『生命の實相』の細かい六号活字（編註・約三ミリ四方に入る大きさの活字）が、その振仮名《ふりがな》活字までもハッキリと見えるようになったのであります。これは、宮さんの信仰に大変動を来《きた》したからであります。今迄《いままで》は「老衰」は神の造り給うた人間の運命であって、それに従うのが神に対する従順であると思っていられた。ところが、『生命の實相』をお読みになってからの宮さんは、「人間は神の子であり、生き通しの生命であり、永遠の若返りであるから、永遠に老衰しないのが真実であり、神に対する従順である」という信仰におなりになった。そしてその信仰の通りに報《むく》いられて、その老衰した老眼が若返ってしまったのであります。
人間は神の子であり、従って神と等しく生き通しの生命であって、永遠の若返りであり、永遠に無病であるというのが「生長の家」の信念なのであります。それでは「仏教」との関係はどうかといいますと、先刻からの話で大体お解《わか》りになったでしょうと思いますが、「人間は神の子である」という代《かわ》りに「人間は仏子《ぶっし》である」といっても同じことであります。その関係をば、実例を以《もっ》て申しますれば、宮さんは『生命《せいめい》の實相《じっそう》』をお読みになってただ読むだけで、信仰に大革命を生じて、老眼がお治《なお》りになった程でありますので、『生命の實相』は実に有難い経典《きょうてん》だといって、毎日仏前でそれを読誦《とくじゅ》されることになったのであります。

（新編『生命の實相』第20巻206～210頁）

愛の力で網膜剥離が治る

愛とは生命の正しい動き方をいうのでありますから、愛が発現《はつげん》しているということは、そこに生命が発現しているということになるのであります。だから愛を発現さし、愛の行いを常に事実にあらわしている間はその人は病気にならない、現に病気になっている人で

も、愛を発現させている間は病気が治っているのであります。先日、『生長の家』誌友《しゆう》の六月の集《あつま》りで、大阪から北村勉《つとむ》氏が来られた。この方は、神誌《しんし》の巻頭言に書いたことがありますが、網膜剥離症《もうまくはくりしょう》といって、眼科の方では治療の道のない難症の眼病に罹《かか》っていられる。眼が悪いので聖典『生命の實相』を十分読み切ることが出来ない、だから真理を知る智慧《ちえ》の眼を開くという方面からいうと、智慧即《すなわ》ち生命を生かすということが出来にくいのであります。そのかたが聖典『生命の實相』を自身のためにお読みになると、ただ一頁半を読んだだけで眼底が痛み、後頭部が痛んで来て、読むに耐えなくなるのであります。ところが或《あ》る晩、知人の慢性病者を治してあげたいという愛の念願から聖典『生命の實相』を持っていって病人の枕頭《まくらもと》で読んであげた。病人の枕頭には薄暗い電燈がともっていて、その光の弱さが到底、この重症の眼病者たる北村勉氏には一頁を読む力がないと思われた。しかし、不思議！　北村氏はズンズン読んで往《い》った。三十頁、四十頁、まだまだ眼が疲れないで五十頁位も読んだと自分でいわれた。北村氏個人に宿る力は小さくとも、愛は、自他が一体となるところに、肉体を超越した大生命の力が発現するのでありますから、北村氏自身の肉体を超越した力が発現したのであります。

多くの人は、他《ひと》に愛を施《ほどこ》したら、自分自身が減るように思っていられるかも知れませんが、此《こ》の実例が語るように決してそんなものではありません。愛を与えるとき吾々《われわれ》の個々《ひとりづつ》の生命が大生命と一体となり一層大きく生長しているのであります。だから『生長の家』の創刊号の扉には、「まだまだ多く愛を与えよ、愛を与えれば与える程殖《ふ》える」という詩が書いてあったので、これが「生長の家」の生活のモットーであります。

　吾々《われわれ》の生命力が、与えれば却《かえ》って殖《ふ》えるということは、吾々の「生命」というものが、ただこの自分の肉体の中にのみあるのではないという証拠になるのであります。肉体という有限の物質から出るだけの力であれば、無論与えれば与えるだけ減《へ》って来るのであります。盥《たらい》の水なら、その盥《たらい》の中にのみありますからその水を汲《く》み出すだけ減ってくる。ところが豊富な水脈につづいている井戸の水は、汲み出しても汲み出しても減って来ない。此の汲み出しても汲み出しても減って来ないのは、井戸の水はその井戸の中にだけあるのではないからであります。それと同じように、吾々の生命力というものが与えれば与える程殖《ふ》えるという奇現象を呈《てい》するのは、吾々の生命力は吾々の肉体の中にだけはない。肉体の境超《こ》えて流れている広大《こうだい》無辺《むへん》な生命が吾々の生命であるからであります。吾々の肉体は井戸の框《かまち》みたいなものである。それは実に広大無辺な地下水の流れの一個の出口たるに過ぎないのであって、吾々の生命の本地は目に見える肉体の井戸の中にあるのではなく、むしろ眼に見えない無辺無限の地下水こそ吾々の生命なのであります。

（新編『生命の實相』第5巻150〜153頁）

盲人の目が見えるようになった

或《あ》る本を見ましたら、こういうことが書いてありました。或る金光教《こんこうきょう》の教会で三年間盲目であった人が伴《ともな》われてきまして、

「先生神様にこの盲目の視《み》えるようになるようにお取次《とりつぎ》をして頂きたい」と、こういってお願いになったのだそうであります。ところがその教会の先生が機知のある人でありまして、

「あんた、その目を治《なお》して欲しいのなら随分《ずいぶん》お供《そな》え物《もの》をしなければなりませんぞ。うんとお供物《そなえもの》をしなくちゃ神様はおきき下さらない」こう言われたのです。すると、その連れて来られた盲人が、これでは随分金でも搾《しぼ》られるのであろうと吃驚《びっくり》したのです。しかし、この目が治るのなら、どれだけでも財産全部でも神様にあげても好《よ》いと覚悟して、

「先生それではどれほどお供えしたらよろしいか」と訊《き》きました。そうするとその先生が、

「あなた目が不自由で色々と不自由な身をしておられるが、それが治《なお》りたいなら、そんなお前の家《うち》の財産全部持って来てもまだ足らぬ。あなたは癇癪持《かんしゃくもち》に違いない。その腹の立つ心をお供《そな》えしなさい。その、人を恨《うら》む心、憎む心、不足をいう心、そういう色々悪い心をみな神様にお供《そな》えしなさい。そうしたらあんたの病気は治るのだから」とこういわれたのであります。

生長の家も金光教《こんこうきょう》も教えるところは同じであります。結局は無我《むが》になって、アレコレの揀択《けんじゃく》なしにただ「有難《ありがた》い」とお受けすることです。するとその盲人《もうじん》がその教《おしえ》を有難く受けて、これから「腹立つ心」を止《や》めますというかと思いの外《ほか》、

「先生、ちょっと待ってください。この腹の立つことだけは供えられません」とこういった。「もし神様に全部この腹の立つ事を供えてしまうと誓《ちかい》をしてから、それから止《や》むを得ぬことがあって腹が立ったら、又神様にお供えしたものを取返《とりかえ》したことになって、もう一つ神様に申訳がない事が起《おこ》りますから、この腹の立つ事だけはお供えする事を勘弁して頂きたい」とこういって頼んだそうです。本人がそういうものですから、金光教の先生も仕方がありません。

「それじゃ、まアあんたが本当にこの腹の立つ心を供えたいという決心が起《おこ》るまでは、そ

の心を供えないでよろしいが、腹が立つのを止《と》める妙薬がある。」

「それはどういう妙薬ですか。」

「それはね、有難いと思うのです。」

「先生それは有難い時には有難いと思えますが、有難くない時には有難いと思えません。」

「それはね、心の中で有難くなくても何でもいいのだから、言葉であゝ有難いとこう思うように口の中で唱《とな》えるようにしなさい。」こういうふうに教えてくれたのです。

それからその盲人が家へ帰って翌日の朝、御飯を食べる時に、何分盲《なにぶんめくら》のことでありますから不自由で、お汁の椀《つゆのわん》をひっくりかえしてしまったのです。するとお給仕《きゅうじ》しておった奥さんが大変怒《おこ》って「盲《めくら》のくせに疎々《そそ》っかしい」といって怒鳴《どな》りつけたそうです。その時に盲人は腹が立ったのです。しかしその瞬間、金光教の先生のいわれたことを思い出して、あゝこれであるな、この腹の立つ心を神様にお供えしよう。それには先生のいわれた通り腹が立つ時は有難いと思えといっても思えないのだから、せめて口で有難いと思おうとお考えになって、「ああ、有難い、有難い」とこう言葉に出していわれたのです。すると普通ならば荒々しい腹立つ言葉を出すところを、「有難い」と合掌《がっしょう》していえたその事自身が有難くなって来たのです。これが生長の家でいう「言葉の力」でありまして、現実には有難くないのだけれども、「有難い、有難い」とこういっているうちに自然に本当に心の底から「有難さ」が催《もよお》して来るのであります。爾来《じらい》この盲人《もうじん》にいつの間にか本当に「有難い」という心が芽《め》ぐんで来た。何をしてもらっても自分が盲目《もうもく》であるために「人にお世話をかけてああ済まぬ、こんなにもして頂いてどうも有難い」という気持が本当に心の底から湧き出て来たのであります。自分自身に本当に有難い気持が湧いて、相手の人の深切《しんせつ》を合掌して拝《おが》めるような気持になりますと、立ち対《むか》う人の心は真《まこと》にも自分の心の鏡であります。今迄突慳貪《までつっけんどん》にいっておった奥様が、それ以来非常に深切になって、家庭が実に円満な模範的な家庭になってしまったのであります。それからしばらくしていると、或朝《ある》ふとその盲人の目が見えるようになりました。「やア、神様のお蔭《かげ》を頂いた」というのでその人は大変喜んで教会の先生のところへ来て、こういう事情で神様からお蔭を頂きましたということを言って、お喜びになったということがその本に書いてありました。

（新編『生命の實相』第40巻123～127頁）